BEI GRIN MACHT SICH IHR
WISSEN BEZAHLT

- Wir veröffentlichen Ihre Hausarbeit,
  Bachelor- und Masterarbeit

- Ihr eigenes eBook und Buch -
  weltweit in allen wichtigen Shops

- Verdienen Sie an jedem Verkauf

Jetzt bei www.GRIN.com hochladen
und kostenlos publizieren

Dokumentation der Pflege und der Ärzte

Holger Walbert

Bibliografische Information der Deutschen Nationalbibliothek:

Die Deutsche Nationalbibliothek verzeichnet diese Publikation in der Deutschen Nationalbibliografie; detaillierte bibliografische Daten sind im Internet über http://dnb.d-nb.de abrufbar.

ISBN: 9783389024911
Dieses Buch ist auch als E-Book erhältlich.

© GRIN Publishing GmbH
Trappentreustraße 1
80339 München

Druck und Bindung: Books on Demand GmbH, Norderstedt Germany
Gedruckt auf säurefreiem Papier aus verantwortungsvollen Quellen

Das vorliegende Werk wurde sorgfältig erarbeitet. Dennoch übernehmen Autoren und Verlag für die Richtigkeit von Angaben, Hinweisen, Links und Ratschlägen sowie eventuelle Druckfehler keine Haftung.

Das Buch bei GRIN: https://www.grin.com/document/1472134

Projektbericht:

„Projektbericht: Dokumentation der Pflege und der Ärzte"

Projektbericht

im Modul

„Projekt Techniken und Methoden der agilen Softwareentwicklung"

Master in Wirtschaftsinformatik

Holger Walbert

IU Internationale Hochschule

Inhaltsverzeichnis

II. Abkürzungsverzeichnis

IT   = Informationstechnik
KIS   = Klinisches Informationssystem

III. Abbildungsverzeichnis

1 Einleitung

Der folgende Projektbericht wird sich mit der Entwicklung eines einiger Formulare in der Medizininformatik beschäftigen. Diese Formulare werden durch das agile Vorgehen Scrum in Iterationen entwickelt und sollen die Pflege und die Ärzteschaft im Krankenhaus X, bei ihrer täglichen Arbeit, unterstützen und zur Sicherung der gebotenen Qualitätsstandards eines Krankenhauses, welches eine komplette Digitalisierung ihres Berichtswesens anstrebt, beitragen.

Der Kunde, für den diese Formulare entwickelt werden, hat bereits das komplette klinische Informationssystem (KIS) der Herstellerfirma in Verwendung und diese Formulare stellen eine Erweiterung für den pflegerischen Bereich und ärztlichen Bereich dar, damit zwischen beiden eine Interaktion bezüglich der Behandlung stattfinden kann.

Daher hat das beauftragende Krankenhaus, diese Formulare bei unserer Firma Y, einer Softwareherstellerfirma für klinische Informationssysteme, in Auftrag gegeben.

1.1 Projektname und Hintergrund des Projektes

Das Scrum Projekt trägt den Namen „Dokumentation der Pflege und der Ärzte" und das Formular „Bodychart", welches im ersten Sprint implementiert wird, ist ein Teil davon.

Dieses Formular „Bodychart" ist für die Pflege zur Erfassung der Stärke der Schmerzen, deren Lokalisation und zur Vorlage, vor den Ärzten auf Visite, gedacht. Das Formular ist eines von mehreren Formularen, welche sowohl für die Pflege als auch für die Ärzte entwickelt werden.

Die Entwicklung der einzelnen Formulare wird durch die Methode Scrum realisiert und das Formular „Bodychart" wird im Zuge, wie bereits erwähnt, im ersten Sprint durch die Formularentwicklung umgesetzt und implementiert.

Hierbei wird auf die genaue Durchführung und Dokumentation der einzelnen Schritte im Zuge des agilen Vorgehensmodell Scrum Bezug genommen und die Entwicklung des Formulars durch den Sprint, anhand der durchgeführten Schritte aufgezeigt, was in diesem Projektbericht verschriftlicht wird.

Weitere Formulare werden im Zuge des Projektes noch erstellt, dieser Bericht bezieht sich in erster Linie jedoch auf das Formular „Bodychart" und soll als Exemplar, für die gewählte Vorgehensweise Scrum, dienen.

1.2 Zielsetzung des Projektes

Wie bereits angeklungen bei den Hintergründen des Projektes, soll durch die Entwicklung des Formulars „Bodychart" und durch die anderen Formulare, die in diesem Projekt entwickelt werden sollen, ein weiterer Schritt in Richtung Digitalisierung des Krankenhauses X stattfinden.

Zu diesem Zweck, hat sich das Krankenhaus für die Formularentwicklung des agilen Vorgehensmodell Scrum, entschieden. Mit dessen Hilfe soll eine flexible, kundennahe Umsetzung, der geforderten Formulare der Pflege und der Ärzteschaft, realisiert werden können.

Der Projektbericht für das Projekt zielt im Speziellen auf die Phase der Entwicklung des Formular „Bodychart" ab, welches in dem ersten der insgesamt 7 Sprints, implementiert werden soll.

Hierbei werden unter anderem, die Vorbereitung der Sprints, die Durchführung, dementsprechend die Entwicklung der Formulare, speziell des Bodychart-Formulars, die Testung und letztendlich die Kundenübergabe des fertiggestellten Produktes, beinhaltet sein.

Ziel des Projektes ist es somit, dass in diesem Projektbericht gezeigt werden soll, wie die agile Methode Scrum zur Fertigstellung eines Teils der Software eines klinischen Informationssystems angewandt werden kann.

„Scrum ist ein stark evolutionäres Softwareprozessmodell-Rahmenwerk, das insbesondere durch die konsequente Organisation in kurze Zyklen und ein sich selbst organisierendes

Team charakterisiert werden kann." (s. IU Internationale Hochschule GmbH, (2022), S.42). Und unter diesem Gesichtspunkten findet die Entwicklung, der beauftragten Formulare, statt.

1.3 Zeitlicher Rahmen des Projektberichtes

Das agil durchgeführte Projekt für die Formularentwicklungen erstreckt sich über einen Zeitraum eines Quartals und wurde im 3.Quartal 2022 begonnen und findet somit sein Ende Mitte/Ende des 4.Quartals 2022. Die genaue Timeline des Projektes kann der der Roadmap der Abbildung 1 entnommen werden.

Abbildung 1 Roadmap Formularentwicklung in Jira (eigene Darstellung 2022)

2 Umsetzungsphasen des Projektes

In den nächsten Abschnitten wird auf die Umsetzung des Projektes und zu den wichtigsten Aufgaben Stellung genommen.
Hierzu gehört neben der Rollen- und Aufgabenverteilung und der Risikoanalyse auch die Darlegung der Budget- und Terminplanung und neben der Phase der Durchführung des Projektes auch die Dokumentation der Ergebnisse des Projektes.
Die folgenden Ausführungen des Projektberichtes, hat Pionczyk wie folgt beschrieben: „Ein Projekt ist ein einmaliges, innovatives, komplexes Vorhaben mit ausgewiesenen Zielen, einem begrenzten Budget, einem definierten Anfang und einem klaren Endtermin." (Pionczyk, A., (2011), S. 6).

2.1 Phase der Planung

In die Phase der Planung gehören unter anderem die 3 Punkte des „Magischen Dreiecks".
Hierbei musste die Qualität der Ergebnisse, die Kosten eines Projektes und der Zeitaufwand, die speziell von der Projektleitung im Auge behalten werden müssen, ausgearbeitet werden.

Bezugnehmend auf das magische Dreieck schreibt Tiemeyer folgendes: „Die Projektsteuerung erfolgt auf Ressourcenebene über das magische Dreieck. Die Kanten des Dreiecks repräsentieren die Zeit, die Ressourcen (Kosten) sowie den Umfang (Funktionalität) eines Projektes." (s. Tiemeyer, E., (2018), S.103). Die bildliche Darstellung des magischen Dreiecks ist in Abbildung 2 zu sehen.

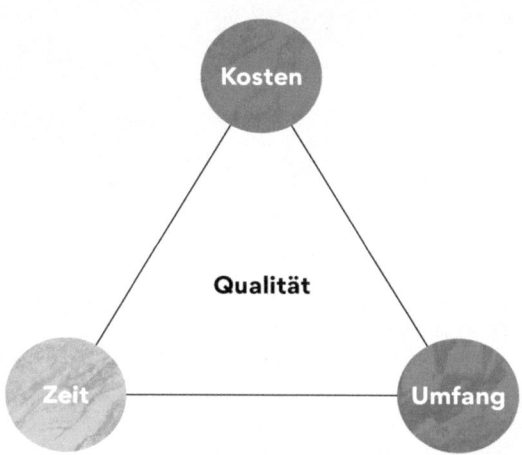

Abbildung 2 Das "magische Dreieck" des Projektmanagements

Aber nicht nur die 3 Eckpunkte des magischen Dreiecks sind von Wichtigkeit für das Projekt, ebenso die Festlegung der Beteiligten und der Stakeholder eines Projektes.
Der Gesamtprojektleiter des Digitalisierungsvorhabens wurde vom Krankenhaus X gestellt und arbeitete eng mit dem Teilprojektleiter der Firma Y und dem Entwicklungsteam für die Formulare zusammen. Für das Scrum Projekt als solches, wurde jedoch der Product Owner als federführend für die Umsetzung der Kundenanforderungen gesehen und war die zentrale Schaltstelle zwischen Kunden und Team.
In den nächsten Abschnitten wird unter anderem auf die gerade erläuterten Punkte genauer eingegangen.

2.1.1 Stakeholder bestimmen

Stakeholder können in einem Projekt vielfältig sein. Sie können direkt oder indirekt an einem Unternehmen oder einem Projekt beteiligt sein und haben Erwartungen daran. Sie verfolgen dabei individuelle Interessen und versuchen, die Entscheidungen einer Unternehmens- oder Projektleitung in einen Vorteil für sich selbst umzumünzen (vgl. projektmagazin, (2022)).
Hier stellen die Stakeholder:innen die Geschäftsleitung des Krankenhaus X dar. Sie haben die Digitalisierung des Krankenhaus vorangetrieben und haben die Umsetzung des Projektes durch Scrum forciert.
Ebenfalls gehören zu den Stakeholder:innen die Pflegeleitung und die Chefärzte des Krankenhaus X. Sie äußerten ebenfalls ein großes Interesse daran, die Umsetzung der Formulare für die Digitalisierung mit einem Vorgehensmodell durchzuführen, welches bei der

Entwicklung der Formulare ein flexibles Vorgehen, speziell bei Kundenwünschen während des Projektes, zulässt.

Zur Zuordnung der Stakeholder:innen wurde die RASCI-Matrix verwendet, sie weist die verschiedenen Rollen und Verantwortlichkeiten in einem Projekt, einer Dienstleistung oder einem Prozess zu und verbildlicht sie dann an. Sie wird auch als RASCI-Verantwortungsmatrix bezeichnet.

Die RASCI-Matrix ist hauptsächlich ein Projekt Management Tool, das Klarheit für Organisationen bietet, die an komplexen Projekten beteiligt sind (vgl. Cuofano, G., (2022)).

Für die Einteilung der verschiedenen Stakeholder:innen wurde diese RASCI-Matrix verwendet, auf diese in diesem Projektbericht jedoch nicht näher eingegangen wird, was der vorgegebenen Größe der Arbeit geschuldet ist.

2.1.2 Product Backlog erstellen

Das Product Backlog stellt alle Anforderungen dar, die der Kunde an das Scrum Projekt hat. Es ist eine Liste aller Anforderungen, was in dem fertigen Produkt enthalten sein soll. Für diese Liste ist der Product Owner, der im Verlauf des Projektberichtes noch näher vorgestellt wird, verantwortlich und kümmert sich um die Inhalte, die Zugriffe und die Reihenfolge der Einträge der Anforderungen (vgl. Sutherland, J. und Schwaber, K., (2016), S.14).

Die Anforderungen an die Formulare waren in Abbildung 1, der Roadmap des Scrum Projektes, bereits zu sehen und umschließen 7 User Storys, welche in 7 Sprints umgesetzt wurden.

Stellvertretend für alle Sprints und als erster Sprint wurde hierfür das Formular „Bodychart" ausgewählt. Dieses Formular wurde vom Product Owner durch User Storys von der Pflege abgenommen und für die Sprintplanung vorbereitet und im Sprint 1 zur Umsetzung freigegeben.

Die anderen Anforderungen wurden sowohl ebenfalls durch den Product Owner der Formulare mit dem Kunden, der Pflege, den Ärzten und auch den Fachbereichen, erarbeitet und für die Sprints dokumentiert und zur Implementierung freigegeben.

2.1.3 Festlegung des Vorgehensmodell

Wie nun schon weiter oben und im Zuge des Projektberichts mehrfach erwähnt wurde, hat sich die Klinikleitung für die agile Vorgehensmethode Scrum entschieden. Die Bezeichnung Scrum stammt eigentlich aus dem Sport und die Analogie hiezu wird hier wie folgt beschrieben: „Scrum, wörtlich übersetzt „Gedränge" (Spielzug im Rugby, beschreibt das Gedränge der Spieler beim Einwurf des Spielballs während des Spiels), ist ein Gesamtsystem aus Meetings, Artefakten, Rollen und Werten, das aufbauend auf den Rahmengrundsätzen der agilen Softwareentwicklung ein Prozessmodell für die Entwicklung von Produkten darstellt." (s. Neus, S. et al., (2011), S.55). Dies wird in den folgenden Kapiteln präzisiert.

In einem klassischen Vorgehensmodell für Projekte steht der Projektleiter als zentrale Anlaufstelle im Mittelpunkt des Projektes, bei einem Projekt nach Scrum, wird mehr Wert auf die Eigenverantwortung der einzelnen Mitglieder des Projektes gelegt. Zu den einzelnen Rollen im Projekt später noch mehr.

Das Krankenhaus X wollte für die Umsetzung aber genau eine Methode, die agil und flexibel auf die Anforderungen, die sich im Krankenhausumfeld, schnell ändern können haben und eine anpassungsfähige Projektstruktur, die die komplexen Anforderungen an die Formulare der facettenreichen Mitarbeiter eines Krankenhauses, unkompliziert und zeitnah modifizieren kann.

Daher fiel die Wahl statt wie bisher auf ein klassisches Vorgehen auf die Methode Scrum und wurde für die Umsetzung dieses Projektes und weiterer Projekten, bei der Digitalisierung des Krankenhauses, ausgewählt.

2.1.4 Erarbeitung der Risikoanalyse

Die Risikoanalyse stellt eine Sicht auf die möglichen Risiken dar, die sich bei einem Projekt, also auch bei einem agilen IT-Projekt, ergeben können. Diese Risikoanalyse gehört zum Aufgabengebiet des Projektleiters/-leiterin. Er sollte dabei erkennen, welche zukünftigen Probleme im Projekt entstehen könnten, die dadurch aufkommenden Risiken einschätzen und diese nach Möglichkeit abfangen. Risiken, welche im Vorfeld bereits aufgedeckt werden können und entsprechend voranalysiert werden können, werden dann durch die Projektsteuerung und -überwachung einer genauen Kontrolle, während des Projektes, unterzogen. Dies kann durch entsprechende Methoden im Projekt sichergestellt werden (vgl. Tiemeyer, E., (2018), S. 189).

Spezielle Risiken, die sich in einem Projekt nach Scrum ergeben können, aber auch generell in IT-Projekten als Risiken gelten, wurden hier vom Auftraggeber, dem Krankenhaus X zusammen mit dem KIS-Hersteller Firma Y, erarbeitet und für die Überwachung der Risiken festgelegt.

Exemplarisch für das Projekt wird auf die 3 wichtigsten Risiken, das Projekt betreffend, eingegangen.

1. Da das Projekt einen engen Zeitplan hat und die Umsetzung der Formulare, für den Krankenhausalltag von immenser Wichtigkeit ist, wurde das Risiko eines Ausfalls der Mitarbeiter:innen des Entwicklungsteams, als hoch eingestuft.
2. Dementsprechend konnte auch das zweite große Risiko dargelegt werden, denn durch die Ausfälle kann es zur Verzögerung im Projekt und im schlimmsten Fall zum Erliegen des Projektes kommen.
3. Trotz aller Anstrengungen durch den Product Owner, kann es zu einer Fehlentwicklung kommen, die für den Kunden nicht brauchbar ist und diesen Umstand möchten die Beteiligten bestmöglich ausschließen.

Zu 1.: Die Beteiligten sind nur im Scrum Projekt tätig und haben während der Bearbeitung der
Einzelnen Aufgaben, keine weiteren Themen, die sich an anderer Stelle bearbeiten müssen. Für den Fall, dass ein Teammitglied trotzdem ausfällt, wurde durch die Vorauswahl der einzelnen Mitglieder, speziell auf deren Qualifikation geachtet, damit sie sich gegenseitig im Falle eines Ausfalls, vertreten können.
Zu 2.: Damit auch hier kein unerwartetes Problem das Projekt verzögert oder zum Erliegen bringt, wurde auch hier auf die Kompetenz der einzelnen Mitarbeiter:innen explizit geachtet, damit diese sich im Falle eines Ausfalls vertreten können. Ebenso wurde für den Fall eines Ausfalls, auf ausreichend Reservezeit für die Entwicklung der Formulare
in der Projektplanung geachtet.
Zu 3.: Der Product Owner steht immer im engen Kontakt mit dem verantwortlichen Mitarbeiter
auf Kundenseite. Dies soll gewährleisten, dass eine Entwicklung in die falsche Richtung möglichst sofort erkannt wird vor und während des Sprints. Und das tägliche Scrum-Meeting gibt dort immer Aufschluss über den momentanen Stand des Fortschritts eines Formulars. Dies wir auch regelmäßig mit dem Kunden be-sprochen und die Entwicklung dadurch auf Kurs gehalten.

Durch die Festlegung der Risiken und die konsequente Einhaltung der erstellten Massnahmen, die während des Scrum Projektes eingehalten werden sollen, ist die Krankenhausleitung und auch der KIS-Hersteller sicher, dass das Projekt erfolgreich durchgeführt werden kann.

2.1.5 Entwurf der Terminplanung

Für das Scrum Projekt „Dokumentation der Pflege und der Ärzte" mit dem Formular „Bodychart" wurde ein Terminplan angelegt mit den Eckdaten, die sich aus dem bisherigen Verlauf und den Vorgaben des Krankenhaus X ergeben haben. In Abbildung 3 sind die beiden Hauptphasen der Umsetzungsabschnitte dargelegt und die einzelnen Projektpunkte inkl. der Meilensteine dargestellt.

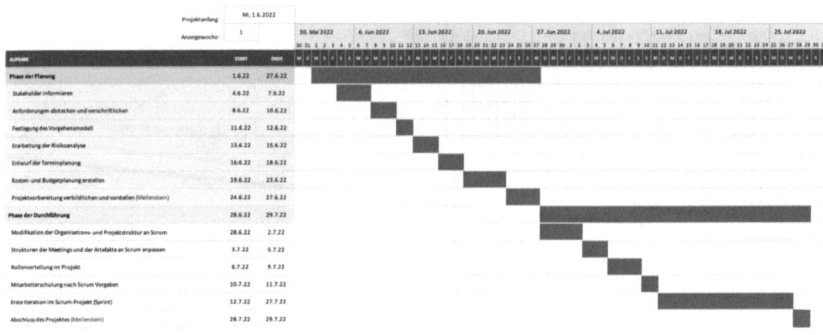

Abbildung 3 Teminplanung (eigene Darstellung 2022)

2.1.6 Kosten- und Budgetplanung erstellen

Die Kosten- und Budgetplanung ist nicht nur für den Auftraggeber eines IT-Projektes (die Stakeholder), sondern auch für den Auftragnehmer von Interesse, damit im Rahmen einer Projektplanung eine möglichst genaue Schätzung des Arbeitsaufwandes inklusive des Kostenaufwandes, vorgenommen werden kann (vgl. Tiemeyer, E., (2018), S. 228).
In diesem Projekt wurden die Kosten auf zweierlei Weise eingeteilt, einmal die Kosten, die durch die Softwarefirma und durch die anderen Dienstleistungen (Schulung, Workshops, etc.) entstanden sind und auf der anderen Seite die Kosten, die durch das Krankenhaus X entstanden, die die Personalkosten der Projektmitarbeiter und die Hard- und Softwareware, die für die Digitalisierung im Zuge des Projektes, benötigt wurden.
Durch die Planung der Termine und die genaue Umsetzung der Sprints für die Entwicklung der Formulare, zeigte am Schluss, dass die Kosten- und Budgetplanung recht exakt eingehalten werden konnte.

2.1.7 Projektvorbereitung verbildlichen und vorstellen

Die Zusammentragung der bisherigen Planung des Projektes und die Darlegungen, wie das agile Vorgehen durch Scrum umgesetzt werden kann, wurde den Stakeholdern beim ersten Meilenstein präsentiert und für die Freigabe des Projektes, wurde die Krankenhausleitung ersucht.
Diese erkannte in dem agilen Modell die große Möglichkeit, sich den flexiblen und zeitlich, enggesetzten Anforderungen des Krankenhausalltags am besten anzunehmen und für die mannigfaltigen Mitarbeitergruppen, die ein Krankenhaus bietet, die erfolgversprechendste Lösung, für die Umsetzung der benötigten Formulare, gefunden zu haben.
Für die Leitung des Krankenhauses, welche die Umsetzung des ersten Formulars, als wichtigen Gradmesser sah, für den restlichen Erfolg des Projektes, war die Termin- wie auch die Kosten- und Budgetplanung gut durch die Projektleitung abgesteckt und daher war für die Stakeholder die Präsentation der Vorbereitung des Projektes, unter den gegeben

Voraussetzungen, eine gelungene Darlegung des Projektes und wurde durch die Krankenhausleitung bewilligt und freigegeben. Im Anschluss an die Projektvorbereitung folgt nun die Hauptphase des Projektes und dies geschieht in Form der Durchführungsphase des Scrum Projektes und der Realisierung des ersten Sprints.

2.2 Phase der Durchführung

Die Phase der Durchführung des Scrum Projektes ist dadurch gekennzeichnet, dass zuerst auf die Organisations- und Projektstrukturen eingegangen wird, ebenso auf die Anpassung der Strukturen der Meetings und Anforderungen, demzufolge den Artefakten, an Scrum. Über die Erörterung der Rollenverteilung und die Schulung der Mitarbeiter, geht es dann noch zum ersten Sprint und dessen Implementierung. Abschießend folgt der Projektabschluss.

2.2.1 Modifikation der Organisations- und Projektstruktur an Scrum

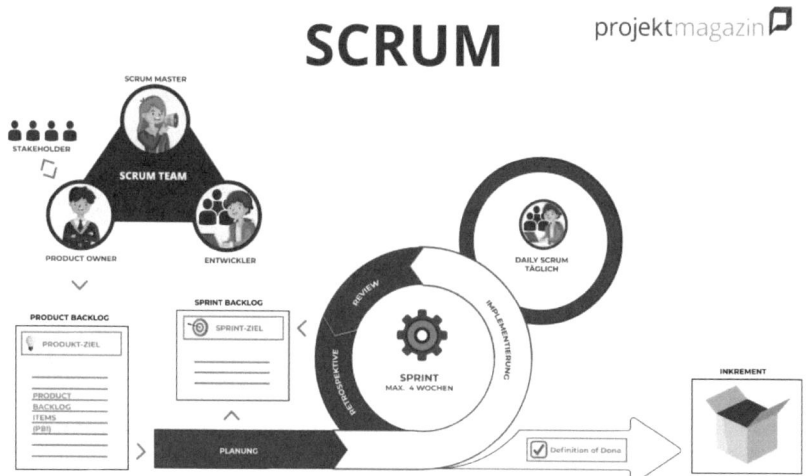

Abbildung 4 Scrum Organisations- und Projektstrukturen

In Abbildung 4 werden die Strukturen, sowohl der Organisation von Scrum, wie auch des Projektes aufgezeigt.
Am Anfang des Prozess steht das Scrum Team, welches aus drei Rollen besteht. Der Scrum Master, der Product Owner und das Entwicklungsteam. Auf diese wird in den folgenden Abschnitten noch genauer eingegangen.
Der Product Owner erstellt das Product Backlog, welches alle Anforderungen enthält, die der Kunde an das fertige Produkt hat.
Hierauf folgt die Planung der einzelnen und die Gesamtplanung aller Sprints.
Daraus ergibt sich das Sprint Backlog, hier werden die einzelne Sprints auf die Teammitglieder verteilt und die Aufgaben, die jeder Sprint enthält, festgehalten.
Auf die Planungsphase folgt der Sprint, dieser ist gekennzeichnet von der Implementierung der zu erledigenden Aufgabe und wird abgerundet durch die Review des Sprints und der dazugehörigen Retrospektive.
Ein Sprint ist meistens in 2-4 Wochen zu absolvieren und wird immer durch ein Daily Scrum, also täglich, flankiert.

Die Definition of Done legt fest, wann ein Sprint sein Ziel erreicht hat. Diese Definition of Done wird durch das Team festgelegt und ist als deren Vereinbarung zu verstehen, was alles getan werden muss, damit den Qualitätsansprüchen des Produktes genüge getan wird (vgl. Tiemeyer, E., (2018), S. 377).

Nachdem ein einzelner Sprint beendet ist und die Definition of Done umgesetzt wurde, ist das fertige Produkt entwickelt, das fertige Inkrement und es kann dem Kunden übergeben werden.

Das Krankenhaus X hat sich zusammen mit der Firma Y diese Ablaufstrukturen für das Projekt zu eigen gemacht und die Organisation, die Mitarbeiter des Krankenhauses und auch gewisse Abläufe, die ein agiles Vorgehensmodell mit sich bringt, für weitere Projektarbeiten verinnerlicht. Für weitere Projekte zur fortlaufenden Digitalisierung des Krankenhauses X, wurde Scrum für diese Projekte etabliert.

In den nächsten Abschnitten wird entsprechend auf die Strukturen der Meetings und der Artefakte, die bereits kurz erwähnt wurden, eingegangen.

2.2.2 Strukturen der Meetings und der Artefakte an Scrum anpassen

Wie bereits im vorherigen Abschnitt angedeutet, gibt es verschieden Meeting Strukturen. Zu diesen zählen das Sprint Planning, das Daily Scrum, die Sprint Review und die Sprint Retrospektive.

Das Sprint Planning findet jeweils vor einem Sprint statt und dort entscheiden der Product Owner und das Team, was der Inhalt eines Sprints ist. Die Teilnahme ist für alle Projektrollen bindend (vgl. Neus, S. et al., (2011), S.62).

Das bereits erwähnte Daily Scrum findet täglich zu einer festgelegten Zeit statt. In diesem Projekt wurde es auf 8.00 Uhr morgens gelegt und ist in Abbildung 5 aufgeführt.

Die beiden anderen wichtigen Meeting Strukturen, die Sprint Review und die Sprint Retrospektive, werden im Anschluss an den Sprint durchgeführt. Sie beinhalten die Darlegung des Sprintergebnisses und die kritische Hinterfragung des Sprints mit Dokumentation der entsprechenden Erkenntnisse aus dem Sprint.

Die zeitliche Abfolge und der terminlichen Rahmen, können auch Abbildung 5 entnommen werden.

Diese Meeting Strukturen waren, anders als die bisherigen Projektmeetings, für den Projektleiter des Krankenhaus X neu und anfangs eine Herausforderung, konnten aber von Sprint zu Sprint besser in das alltägliche Geschehen mit eingebaut werden und es entstand eine Routine in Bezug auf diese neuerworbene Art Meetings abzuhalten.

Die Artefakte, die ein Scrum Projekt beinhaltet, werden hier nun auch nochmals genauer beleuchtet und im Projektgeschehen verankert.

Das Produkt Backlog wurde bereits weiteroben schon angesprochen, es stellt eine Liste aller Anforderungen dar, die in Sprints abgearbeitet werden sollen.

Diese Anforderungen werden dann durch den Product Owner in die Sprint Backlogs transformiert.

Die Sprint Backlogs sind dann die einzelnen Aufgaben, die pro Sprint umgesetzt werden sollen. Aus einem solchen Sprint, entstehen dann nach deren Abschluss, die fertigen Produkte, auch Inkrement genannt. Diese sind dann Inhalt des Sprint Reviews und der Sprint Retrospektive.

Wurden diese beiden Meetings abgehalten und alles Tests sind durchgeführt, wie in der Definition of Done vorgegeben, gilt das Inkrement als abgenommen und kann produktiv genommen werden.

Hierbei wurde dem Unternehmen die Möglichkeit gegeben, während der Produktentwicklung, täglich immer auf dem neusten Stand der Entwicklung zu bleiben und bei einer Abweichung oder Fehlentwicklung, schnell gegenzusteuern zu können.

Die Dokumente und Abläufe, die im Krankenhaus X bisher angewandt wurden, wurden für die Verwendung der agilen Vorgehensweise entsprechend modifiziert und für weitere Projekte in der Zukunft aufbereitet und für die Beteiligten auf einem dafür vorgesehenen Ablageplatz, hier der gemeinsamen Ablage auf dem Sharepoint, zur Verfügung gestellt. Der

Sharepoint ist ein Tool von Microsoft, zur gemeinsamen Bearbeitung auf einer Teamwebsite für Projekte oder Abteilungen.

Dies wurde vom Krankenhaus X als ein effektives und effizientes Vorgehen gesehen, um schnell auf Missstände eingehen und dann reagieren zu können.

Aufgrund dessen, wurden auch die Anpassungen Artefakte an das Scrum Projekt vom Krankenhaus X gerne angenommen und für die weitere Projektarbeit der Digitalisierung integriert.

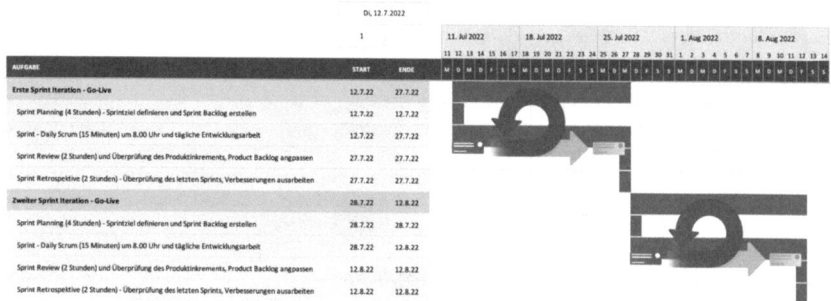

Abbildung 5 Erste Sprint Iteration - Go-Live (eigene Darstellung 2022)

2.2.3 Rollenverteilung im Projekt

Die Rollenverteilung in einem agilen Vorgehensmodell war bereits auch schon Thema der Erläuterungen und in diesem Abschnitt sollen die Rollen, nochmals detaillierter, ausgeführt werden.

Der Scrum Master ist die Rolle, die das Moderieren der Meetings übernimmt und am Anfang des agilen Projektes die Rolle des Organisierens übernimmt. Anders als in klassischen Projekten ist der Scrum Master nicht wie der Projektleiter, bei dem alle Informationen zusammenlaufen, sondern mehr die Person, die sich im Laufe eines Projektes mehr oder weniger als „überflüssig" sehen sollte. Er hat die gleiche Stellung wie das restliche Team und ebnet den Weg, dem Team eine komplikationslose Durchführung der Meetings und der Sprints zu ermöglichen.

Der Product Owner ist die Person im Scrum Projekt, die für die Liste der Anforderungen zuständig ist, also der Product Backlogs und steht mit dem Kunden in engem Kontakt, falls sich Änderungen ergeben oder der Kunde andere Anliegen an das Produkt eines Sprints hat. Der Product Owner steht für die gesamte Dauer des Entwicklungsprozesses mit dem Kunden in Verbindung und ist ein wichtiges Mitglied des Teams und seine Entscheidung, welches Produkt wie entwickelt werden soll, ist für den Sprint ausschlaggebend und bestimmend.

Das Entwicklungsteam ist ein Team aus mehreren Entwicklern aus verschiedenen Fachgebieten, die alle zusammen, die Aufgaben der Product Backlogs meistern können. Das Teammitglied, welches im Daily Scrum seine Entwicklung präsentiert, hast das Vorrecht zu sprechen, jedoch hat jedes Teammitglied die gleiche Stellung wie alle anderen Teammitglieder auch. Das Scrum Team besteht aus allen drei genannten Rollen.

Das Krankenhaus X konnte aus seinem Pool der Mitarbeiter einen eigenen Product Owner benennen, da dieser eine entsprechende Ausbildung genossen hatte. Der Mitarbeiter wurde durch den Scrum Master unterstützt und die Leitung des Entwicklungsteam konnte so sehr praxisnah gelebt werden. Die Expertise des Product Owner half sehr, die angeforderten Product Backlogs sehr an der Praxis orientiert zu entwickeln und konnten sehr zeit- und ressourcensparend dadurch implementiert werden.

2.2.4 Mitarbeiterschulung nach Scrum-Vorgaben

Die Schulung der Mitarbeiter, welche wie im Vorfeld bestimmt und von der Firma Y gestellt wurden und die Strukturen und Prozesse der agilen Methode Scrum bereits kannten, wurde somit auf den Product Owner und die Mitarbeiter aus der Pflege und der Ärzteschaft angewendet, welche direkt an den Anforderungen für die Product Backlogs beteiligt waren. Der Product Owner kannte zwar die Vorgehensweisen der einzelnen Schritte in Scrum durch seine Vorbildung, musste aber in die Teamstruktur des Entwicklungsteams und der des Scrum Masters noch eingearbeitet werden.
Dafür konnte ein externer Berater einer Unternehmensberatung aus dem agilen Entwicklungssektor gewonnen werden, der für alle Beteiligten einen Plan vorlegte, der das ganze Entwicklungsteam instruierte, auf deren Fragen und Bedürfnisse einging und ein gemeinsames Vorgehen für die Beteiligten entwarf.
Durch diese externe Betrachtung des Vorgehens, konnten auf Seiten des Product Owner, wie auch auf Seiten des Teams, noch neue Erkenntnisse gewonnen und für die gemeinsame Arbeit, gewinnbringend umgesetzt werden.
Im Anschluss daran, wurde durch den externen Berater, eine Präsentation vor den Stakeholdern gehalten und die gemeinsam erarbeiteten Erkenntnisse inklusive einer Scrum Schulung, an 2 ganzen Tagen, für alle dort abgehalten werden.

2.2.5 Erste Iteration im Scrum-Projekt (Sprint)

Nachdem alle Vorbereitungen in Bezug auf die Anpassungen im Projekt, bezogen auf die Organisation und die Prozesse, aber auch der Meeting Struktur und den Artefakten, abgeschlossen waren und alle Mitarbeiter, die am Scrum Projekt beteiligt sind, instruiert waren, fand die erste Iteration des Scrum Projektes statt.
Der erste Sprint widmete sich dem Formular „Bodychart" und es wurden, durch das Entwicklerteam und den Product Owner, die Umsetzungsziele für das Formular, durch User Stories und das Product Backlog, abrundend mit der Definition of Done entwickelt.
Der Hauptnutzen von Scrum ist, dass nach jeder Iteration, in den nächsten Sprint neue Anforderungen einfließen können. Jeder Durchlauf eröffnet dem Kunden die Möglichkeit eines neuen lauffähigen Systems, welches sich mit jeder Iteration dem fertigen Endprodukt annähert (vgl. Neus, S. et al., (2011), S 67).
Ein Sprint wurde innert 2 Wochen durchgeführt, hatte morgens wie schon im Vorfeld erwähnt, das Daily Scrum um 8.00 Uhr. Das Entwicklerteam konnte hierbei immer wieder durch den Product Owner auf Kurs gehalten werden, um das Sprint Backlog nicht aus den Augen zu verlieren und es konnten durch den gegenseitigen Austausch, zwischen ihm und dem Team, für beide Seiten gewinnbringende Neuerkenntnisse generiert werden.
Die Erfahrung des Teams und die Kundennähe des Product Owner, waren eine gelungene Kombination aus Erfahrung und Praxisnähe, die in das Inkrement eingeflossen sind.
Anhand dessen war es auch nicht verwunderlich, dass die Umsetzung nach dem zweiwöchigen Sprint, vom Kunden als gelungen abgenommen werden konnte.
Dies zeigte sich in den Sprint Reviews und den Sprint Retrospektiven.
Einerseits konnte durch die gelungene Entwicklungsarbeit in den Sprint Reviews, eine aussagekräftige Dokumentation entstehen, welche explizit durch die Erkenntnisse aus der praxisnahen Kooperation gesammelt werden konnten, andererseits brachten die zusammengetragenen Entwicklungsergebnisse für die nächsten Sprints zielgenaue Vorgaben, was gut gelaufen war und was für eine Verbesserung zur Effizienz- und Effektivitätssteigerung im nächsten Sprint, wichtig war.
Insgesamt waren es dann 7 Sprints, die jeweils durch die erworbenen Erkenntnisse aus den vorherigen Sprints, zeitnah und kosten- und ressourcensparend umgesetzt werden konnten.
Das Scrum Team arbeite gut zusammen und ergänzte sich bei entsprechenden Punkten, die durch den einzelnen im Team nicht alleine umgesetzt hätten werden können.
Das endgültige Inkrement, also die Fertigstellung aller Formulare für den pflegerischen und ärztlichen Bereich, konnte mit großer Zufriedenheit für das Krankenhaus X und dessen Personal, im vorgegebenen Zeitrahmen der Roadmap, gehalten und umgesetzt werden.

2.2.6 Abschluss des Projektes

Im Anschluss an den letzten Sprint und die Fertigstellung des gewünschten Inkrements, konnte das Scrum Projekt, nach einer ausführlichen Vorbereitungs-, Planungs- und Durchführungsphase, zur großen Zufriedenheit des Kunden, abgeschlossen werden. Typisch für ein IT-Projekt ist, dass gegen Ende, das Projekt umgesetzt, die Zeiten weitestgehend eingehalten und das Budget nicht überstrapaziert wurde, das Produkt dem Kunden übergeben werden konnte und noch die ein oder andere Teilaufgabe offen sind. Dann ist für die meisten Beteiligen das Projekt für beendet erklärt (vgl. Tiemeyer, E., (2018), S. 138).

Jedoch fehlt hier noch ein wichtiger Schritt, um das Projekt endgültig als abgeschlossen bezeichnen zu können.

Zum einen wäre hier noch die Projektabnahme durch den Kunden zu nennen und zum anderen auch die Produktübergabe.

Hier geschah dies durch die Übergabe der einzelnen Formulare für den pflegerischen und ärztlichen Bereich und für die Verantwortlichen war somit die Projektübergabe durchgeführt.

Um das ganze jedoch abzuschliessen, musste am Ende noch ein Projektabschlussbericht, durch den Projektleiter, erstellt werden.

Der Inhalt eines Projektabschlussberichtes stellt für den Auftraggeber eine Bilanz des gelaufenen IT-Projektes dar und kann als formaler Akt für den offiziellen Projektabschluss gelten (vgl. Tiemeyer, E., (2018), S. 146).

Durch die Projektleitung wurde dieser Bericht angefertigt und bei der offiziellen Projektabschlusssitzung der Krankenhausleitung und den Stakeholdern präsentiert und für die Gesamtdokumentation des Projektes übergeben.

Diese Gesamtprojektdokumentation beinhaltet alle im Projekt dokumentieren Vorgänge, bei unserem Projekt, die Product Backlogs und deren Sprints, genauso die die Rollenverteilung, aber auch die gesamten Präsentationen und Schulungen und die Lessons Learned, die sich aus dem Scrum Projekt ergaben.

Somit wurde ein umfassende Dokumentation aller Tätigkeiten am Schluss als letzte Handlung des Projektleiters, den Verantwortlichen des Auftraggebers übergeben und das Projekt erfolgreich abgeschlossen.

3 Zusammenfassung und Ausblick

Das Projekt wurde Mitte des Jahres 2022 von der Krankenhausleitung des Krankenhauses X ins Leben gerufen, da die Digitalisierung des Krankenhauses vorangetrieben werden sollte und das klinische Informationssystem, welches das Krankenhaus bereits nutzte, weiter für die Mitarbeiter und auch zum Wohl der Patienten, softwareseitig ausgebaut werden sollte.

Die Einführung der Methode Scrum eignete sich im Zusammenhang mit der Digitalisierung des Krankenhauses ausgezeichnet, wie sich nach der Durchführung des Scrum Projektes „Dokumentation der Pflege und der Ärzte" und des beispielhaft genannten Sprints des Formular „Bodychart", zeigte.

Das Krankenhaus und deren Leitung wurden durch die Erfahrung, der am Projekt beteiligten Mitarbeiter, sowohl des Softwareherstellers, wie auch des Krankenhauses und der Expertise des externen Beraters, bereichert in Bezug auf das agile Vorgehensmodell, welches für weitere Projekte im Bereich der Softwareentwicklung für das Krankenhaus, etabliert wurde.

Das Projekt wurde umgesetzt durch die Anpassung der verschiedenen Prozesse und den Organisationsstrukturen, welche im Laufe des Projektes nötig waren. Unter anderem wurde auch die Meeting Struktur und die verschiedenen Artefakte des Krankenhauses und seiner Mitarbeiter, in Bezug auf Scrum angepasst. Daraus resultierte, dass das Projekt Scrum erfolgreich angewandt werden konnte und der Umsetzung in den verschieden Sprints, der Weg zum Erfolg, geebnet wurde.

Die Geschäftsleitung hatte durch den Erfolg, den die agile Vorgehensmethode Scrum bei der Umsetzung der Formulare zeigte, die Freigabe für weitere Projekte mit diesem

Vorgehensmodell gebilligt und für das Portfolio der bisherigen klassischen Projekt-Modelle mit aufgenommen.

Scrum als solches, ist nach Sutherland und Schwaber folgendes: „Scrum (n): Ein Rahmenwerk, innerhalb dessen Menschen komplexe adaptive Aufgabenstellungen angehen können, und durch das sie in die Lage versetzt werden, produktiv und kreativ Produkte mit höchstmöglichem Wert auszuliefern." (s. Sutherland, J. und Schwaber, K., (2016), S. 3).

Somit wäre der generelle Scrum-Gedanken auch nicht nur eine Möglichkeit, Softwareprojekte in die Tat umzusetzen, sondern auch für Projekte in anderen Bereichen. Diese Aufgabe bleibt jedoch den Verantwortlichen des Krankenhauses X überlassen, was aus dieser Möglichkeit der Projektarbeit wird.

Für die Zukunft wird abzuwarten sein, wie sich die Projektarbeit im Krankenhaus X gestalten wird und wie weit das abgeschlossene agile Projekt, weiter eingesetzt und erfolgreich weiterentwickelt werden kann für das Krankenhaus X.

IV. Literaturverzeichnis

Cuofano, G., 2022
    RASCI-Matrix in Kürze
    https://fourweekmba.com/de/Rasci-Matrix/
    zuletzt aufgerufen am 30.10.2022
IU Internationale Hochschule GmbH, 2022
    Techniken und Methoden der agilen Softwareentwicklung
    Studienbrief DLMIWNF01
    IU Internationale Hochschule GmbH
Neus, S. et al., 2011
    Scrum Kompakt
    itemis AG, Lünen
Pionczyk, A., 2011
    Projektmanagement (Duden Ratgeber)
    Duden
projektmagazin, 2022
    Stakeholder:innen
    Was sind Stakeholder:innen?
    https://www.projektmagazin.de/glossarterm/stakeholder
    zuletzt aufgerufen am 30.10.2022
Sutherland, J. und Schwaber, K., 2016
    Der Scrum Guide
    Der gültige Leitfaden für Scrum: Die Spielregeln
    Scrum.org and ScrumInc.
Tiemeyer, E., 2018
    Handbuch IT-Projektmanagement
    Vorgehensmodelle, Managementinstrumente, Good Practices
    3., überarbeitete Auflage
    Carl Hanser Verlag München

BEI GRIN MACHT SICH IHR WISSEN BEZAHLT

- Wir veröffentlichen Ihre Hausarbeit, Bachelor- und Masterarbeit

- Ihr eigenes eBook und Buch - weltweit in allen wichtigen Shops

- Verdienen Sie an jedem Verkauf

Jetzt bei www.GRIN.com hochladen und kostenlos publizieren